¡Animales bebés en la naturaleza!

Crías de mono en la naturaleza

por Marie Brandle

Bullfrog
en español

Ideas para padres y maestros

Bullfrog Books permite a los niños practicar la lectura de textos informativos desde el nivel principiante. Las repeticiones, palabras conocidas y descripciones en las imágenes ayudan a los lectores principiantes.

Antes de leer

- Hablen acerca de las fotografías. ¿Qué representan para ellos?
- Consulten juntos el glosario de las fotografías. Lean las palabras y hablen de ellas.

Durante la lectura

- Hojeen el libro y observen las fotografías. Deje que el niño haga preguntas. Muestre las descripciones en las imágenes.
- Léale el libro al niño o deje que él o ella lo lea independientemente.

Después de leer

- Anime al niño para que piense más. Pregúntele: Las crías de mono caminan y corren. ¿Qué más hacen para moverse de un lugar a otro?

Bullfrog Books are published by Jump!
5357 Penn Avenue South
Minneapolis, MN 55419
www.jumplibrary.com

Library of Congress Cataloging-in-Publication Data

Names: Brandle, Marie, 1989– author.
Title: Crías de mono en la naturaleza / por Marie Brandle.
Other titles: Monkey infants in the wild. Spanish
Description: Minneapolis, MN: Jump!, Inc., [2023]
Series: ¡Animales bebés en la naturaleza!
Includes Index | Audience: Ages 5–8
Identifiers: LCCN 2022033876 (print)
LCCN 2022033877 (ebook)
ISBN 9798885242363 (hardcover)
ISBN 9798885242370 (paperback)
ISBN 9798885242387 (ebook)
Subjects: LCSH: Monkeys—Infancy—Juvenile literature.
Classification: LCC QL737.P925 B7318 2023 (print)
LCC QL737.P925 (ebook)
DDC 599.8—dc23/eng/20220722

Editor: Eliza Leahy
Designer: Molly Ballanger
Translator: Annette Granat

Photo Credits: EcoPrint/Shutterstock, cover; marcelauret/iStock, 1; Anders Riishede/Shutterstock, 3; Sam Dcruz/Shutterstock, 4, 23tl; elisevonwinkle/Shutterstock, 5, 23bl; aroundtheworld.photography/Alamy, 6–7, 23br; James Hager/Robert Harding Picture Library/SuperStock, 8; Nick Fox/Shutterstock, 9; Barbara von Hoffmann/Alamy, 10–11; dja Photography/Shutterstock, 12–13; Morales/age fotostock/SuperStock, 14–15; AfricaWildlife/Shutterstock, 16; Michel Bureau/Biosphoto/SuperStock, 17, 23tr; Tony Campbell/Shutterstock, 18–19; imageBROKER.com/Shutterstock, 20–21; DUFORETS BERANGERE/Shutterstock, 22; Manon van Althuis/Shutterstock, 24.

Printed in the United States of America at Corporate Graphics in North Mankato, Minnesota.

Tabla de contenido

Haciendo monadas

Ha nacido una cría de babuino.

Es un tipo de mono.

Vive con mamá en una manada.
¡La manada tiene muchas crías!

manada

Los babuinos viven
en la savana.

Ellos buscan comida.

savana

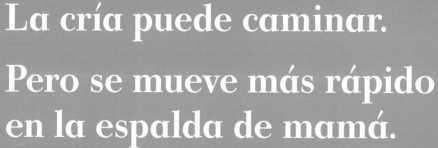

La cría puede caminar.

Pero se mueve más rápido en la espalda de mamá.

Se agarra a ella.

Usa sus manos y pies.

Las crías encuentran insectos.

¡Se los comen!

Mamá limpia la cría.
Le saca los insectos
del pelaje.

pelaje

La cría crece.

Ella corre.

Ella juega.

Ella salta.

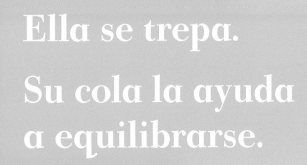

Ella se trepa.
Su cola la ayuda
a equilibrarse.

cola

¡Ella se balancea
en las ramas!

Usa sus largos brazos.

La cría seguirá creciendo.

Encontrará comida
sin ayuda.

¡Mmm!

Las partes de una cría de mono

¿Cuáles son las partes de una cría de mono? ¡Échales un vistazo!

pelaje

oreja

cola

pata

brazo

dedo del pie

pie

dedo

mano

Glosario de fotografías

cría
Un mono joven.

equilibrarse
Mantenerse firme y sin caerse.

manada
Un grupo de monos.

savana
Una llanura plana cubierta de pasto con pocos árboles o ninguno.

Índice

Para aprender más

FACT SURFER

Aprender más es tan fácil como contar de 1 a 3.

❶ Visita www.factsurfer.com

❷ Escribe "críasdemono" en la caja de búsqueda.

❸ Elige tu libro para ver una lista de sitios web.